LE PREMIER NAVIGATEUR, *OU LE* POUVOIR DE L'AMOUR,

BALLET D'ACTION,

EN TROIS ACTES,

De la composition de M. GARDEL l'aîné, Maitre des Ballets du Roi, en survivance, & de l'Opéra.

Représenté pour la première fois, sur le Théâtre de l'Académie-Royale de Musique, le Mardi 26 Juillet 1785.

Prix, douze sols.

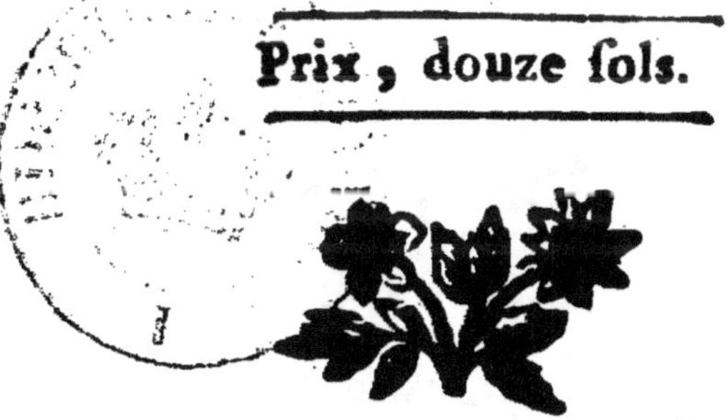

A PARIS,

Chez P. DE LORMEL, Imprimeur de l'Académie-Royale de Musique, rue du Foin Saint-Jacques.

M. DCC. LXXXV.

PERSONNAGES

DU BALLET.

MELIDE, *jeune Bergère*, Mlle. Guimard.

SEMIRE, *Mère de Mélide*, Mlle. Masson.

DAPHNIS, *jeune Berger*, M. Vestris.

Messieurs, { LAURENT, SIVILLE, DUQUESNET, GUENNETÉ, } *Amans de Mélide*

PLAISIRS.

VENUS, Mlle. ZACHARIE.

MM. Abraham, Lebel, Dupin, Saulnier.

Mlles. Simon, Esther, Camille, Barré.

PETITS AMOURS,

Messieurs,

Lachapelle, Auguste, Laborie, Lily, Flin.

Mlle. Nanine.

Mlles. Simon c. Dorival, Jacotot.

EGYPANS,

MM. Millon, Poinon, Jolly, Hus.

BACCHANTES,

Mlle. SAULNIER.

Mesdemoiselles,

Bigottiny, Courtois, Puisieux, Dancourt.

VIEILLARD VILLAGEOIS,

MM. Simonet, Guillet *l*. Ducel.

BERGERS & BERGERES,

Madame PERIGNON. Mlle. LANGLOIS.

MM. Caster, Delahaye, Guillet . Blanche, Béguin, Largiere, Deschamps, Boyer.

Mlles. Siville, Leclerc, Lacoste, Bernard, Meziere, Troche, Laborie, Prault.

PRÊTRE DE L'HYMEN, M. Richard.

Suite de l'Hymen, *les mêmes que les Amours.*

MORPHE, M. Desforges.

Une fausse MELIDE, Mlle. Augustine.

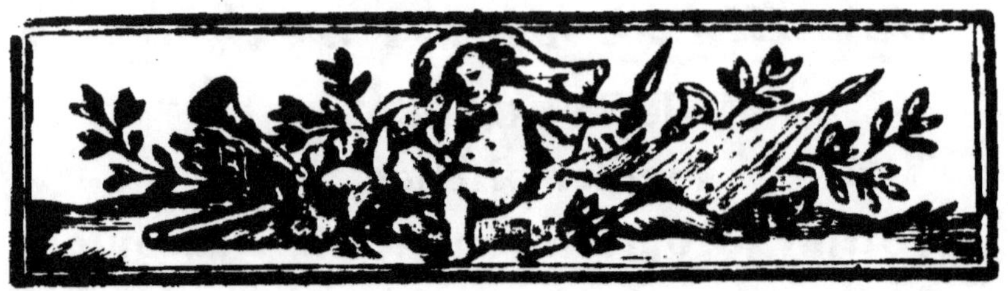

LE PREMIER NAVIGATEUR, *BALLET D'ACTION*, EN TROIS ACTES.

ACTE PREMIER.

Le Théâtre représente un verger agréable, au milieu duquel est un grand arbre : derrière sont des gradins, & à droite la maison de Sémire.

SCENE PREMIERE.

LES Amans de Mélide arrivent portant des houlettes, des bouquets, des rubans & des guirlandes; ils témoignent l'amour qu'ils ressentent pour cette jeune Bergère, & déposent leurs présens devant la maison qu'elle habite.

SCENE II.

MELIDE paroît accompagnée de sa mère Sémire; elle reçoit avec indifférence l'hommage de ses amans: Daphnis seul l'occupe. Un regard tendre, qu'elle lance à ce Berger, lui annonce son bonheur. Persuadé qu'il est aimé, il défie ses rivaux, & sort avec eux pour se préparer aux différentes luttes, dont la main de Mélide doit être le prix. Sémire les suit.

SCENE III.

MELIDE, reſtée ſeule, ſoupire; elle craint que Daphnis ne ſoit pas vainqueur, & tremble d'être réduire à s'unir à un autre Berger. Elle regarde les préſens qui lui ſont deſtinés, & voudroit reconnoître celui qui vient de ſon Amant.

SCENE IV.

DAPHNIS la ſurprend occupée à examiner ces offrandes & à y chercher la ſienne. Il la voit qui s'approche de l'une, va à l'autre, & les parcourt toutes avec indifférence. Une ſeule lui fait ſentir une douce émotion. Cette agitation imprévue lui perſuade qu'elle a rencontré enfin ce qu'elle desire : elle prend la guirlande, la met contre son cœur, qui aussi-tôt palpite avec violence. Daphnis, au comble de la joie, vient à elle & lui confirme ses soupçons. Les deux Amans profitent de l'instant où ils sont seuls pour se jurer l'amour le plus tendre & le plus durable. Mélide appercevant sa mère, fait éloigner Daphnis.

SCENE V.

SEMIRE annonce à sa fille que le moment qui doit décider de son sort approche, & que tous les Habitans du hameau sont en marche. Elle la pare ensuite d'une partie des présens qui lui ont été offerts, & se place avec elle devant sa maison.

SCENE VI.

Marche.

Bergers, Bergères, Amans & Vieillards. Ils défilent devant Mélide, & vont se placer suivant leur rang. Le plus ancien du hameau s'approche d'elle, la prend par la main & lui demande si elle se sent du goût pour un des jeunes gens qui aspirent à sa main. Mélide regarde Daphnis & soupire. Le Vieillard, instruit par cette réponse, la conduit sur un trône, & ordonne de commencer les jeux.

Les Amans se rangent sur des gradins, & exécutent un concert. Daphnis, par un air de flûte, surpasse ses rivaux. Après quoi, il lutte contre eux & les terrasse. Ensuite, il remporte le prix de la danse; & à la course, il arrive le premier aux genoux de Mélide, qui le couronne.

On célèbre le triomphe du Vainqueur : on lui donne les prix qui lui ſont dûs ; mais le plus cher à ſon cœur, le ſeul qu'il deſire, c'eſt Mélide. Le Vieillard obtient le conſentement de Sémire, qui unit les deux Amans & reçoit leurs tendres careſſes. Les nouveaux Epoux, au comble du bonheur, ſortent avec tous les Habitans, pour aller au Temple de l'Hymen.

Fin du premier Acte.

ACTE II.

Le Théatre représente un Bocage, d'un côté est le Temple de l'Hymen avec sa statue, & de l'autre celle de l'Amour. Au fond, on apperçoit la mer.

SCENE PREMIERE.

ON entend une musique agréable; des Bergers & des Bergères paroissent tenant des instrumens, des guirlandes, des corbeilles & des couronnes; ensuite viennent Daphnis & Mélide, conduits par Sémire & les Vieillards. Les deux Amans font une offrande à la statue de l'Hymen & à celle de l'Amour.

SCENE II.

Des Prêtres, précédés de jeunes Hymens, tenans des flambeaux, arrivent portant un autel. Ils font jurer à Daphnis & à Mélide de s'aimer conſtamment, prient les Dieux de leur être favorable, & les uniſſent.

A peine les Bergers & les Bergères commencent à célébrer, par leurs danſes, un ſi beau moment, que le tonnerre gronde. Les éclairs ſe ſuccèdent avec rapidité; le Ciel s'obſcurcit, des feux ſortent de deſſous la terre; & la mer s'agite. On ſe réfugie dans le Temple; mais on n'y eſt pas plutôt entré, que la foudre, en le frappant, oblige tout le monde d'en ſortir précipitamment. La tempête augmente, la mer ſe ſoulève avec impétuosité & inonde le bocage, qui alors se trouve séparé en deux. Mélide, entraînée par la violence des eaux, n'a que le tems de gravir sur un rocher. Son époux, quoique chargé de Simire, veut la secourir, & est repoussé par les flots sur la rive opposée.

SCENE III.

LE calme renaît; mais les Elémens ont totalement séparé les deux Continens. Mélide, à peine revenue de sa frayeur, lève les bras vers le Ciel, & rend graces aux Dieux de l'avoir sauvée d'un aussi grand danger. Elle parcourt ensuite les bords du rivage, qu'elle est bientôt obligée de quitter. Les flots grossissent toujours, & ne laissent plus voir qu'une vaste mer.

SCENE VI.

DAPHNIS accourt dans le plus grand désordre. Le désespoir, la rage est dans son cœur. Ce malheureux Epoux cherche de tous côtés celle qu'il adore. Envain Sémire vient à lui pour le consoler; le délire où il est plongé, l'empêche d'abord de reconnoître cette tendre Mère. Effrayée de l'état effreux où elle le voit, elle répand un torrent de larmes, & serre dans ses bras cet infortuné. Ses Amis veulent le ramener au hameau : il les refuse tous, & jure de ne plus quitter le lieu où il a été séparé de Mélide. Il supplie sa Mère de le laisser seul. Elle résiste à ses prières ; mais ses forces l'abandonnent & elle s'évanouit. On profite de cet accident pour la séparer de Daphnis, qui, après avoir tâché vainement de la rappeller à la vie, la recommande à ceux qui l'entourent.

SCENE V.

DAPHNIS, après s'être livré à toute l'horreur de sa situation, tombe anéanti.

Une musique douce & mélodieuse se fait entendre; des nuages brillans couvrent le rivage. Morphée descend dans un char & par son pouvoir irrésistible, suspend un instant les maux de Daphnis. L'Amour paroît, prend part aux peines de cet Amant infortuné & annonce qu'il va y mettre fin. Il dissipe les nuages qui déroboient la mer. On voit des barques galantes remplies de petits Amours : ensuite Mélide sur un rocher, implorant le ſecours des Dieux & de ſon Amant. Daphnis, que ce ſonge agite, ſoupire, s'attendrit, &, dans ſon illuſion, croit tenir entre ſes bras celle qu'il aime. Tout diſparoît. L'Amour ſeul reſte, & veut avoir la gloire d'être le premier qui ait inſpiré l'idée de braver les flots. Ce Dieu montre à Daphnis une Barque, dont la voile porte ces mots : *Sois aſſez hardi pour t'expoſer ſur l'Elément qui te ſépare de tout ce qui t'eſt cher ; l'Amour te guidera.*

SCENE VI.

DAPHNIS ſe réveille la tête remplie du ſonge qu'il vient d'avoir. Il regarde précipitamment autour de lui, ſe voit ſeul, retombe dans ſa mélancolie, & fait retentir le bocage de ſes gémiſſemens ; mais ſa ſurpriſe eſt extrême

extrême quand il apperçoit la Barque; l'inſcription lui en fait deviner l'uſage, & il ſe diſpoſe à y entrer ſur-le-champ.

SCENE VII.

SEMIRE qui a entendu ſes plaintes vient à lui. Etonnée de ſon projet, elle cherche à l'en détourner; ne pouvant y réuſſir, elle appelle ſes Amis. Leurs repréſentations ſont inutiles. Daphnis n'écoutant que ſon amour, ſe précipite dans la Barque & s'abandonne aux flots. Sémire & les Habitans du hameau, témoins d'un ſpectacle ſi touchant, ſuivent des yeux ce téméraire, & expriment de différentes manières, leur admiration, ou leurs craintes.

Fin du ſecond Acte.

ACTE III.

Le Théâtre représente une Isle sauvage. Au fond on distingue la mer.

SCENE PREMIERE.

MELIDE abandonnée de la nature entière, privée de sa mère & de son amant, se livre au désespoir le plus affreux. Tout l'alarme & tout contribue à redoubler ses craintes. Elle envisage avec effroi l'asyle où elle attend à chaque instaut la mort. Elle essaye, mais eu vain, de trouver dans le sommeil l'oubli de ses malheurs. Les oiseaux semblent prendre part à ses peines, & par leurs concerts mélodieux cherchent à les adoucir. Rien ne peut la diſtraire; ſes larmes recommencent à couler, & elle ſort dans l'eſpoir de trouver un terme à ſes maux.

SCENE II.

DAPHNIS arrive dans la barque, en deſcend, l'attache, la regarde avec reconnoiſſance & remercie les Dieux qui l'ont protégé. Il s'avance en tremblant; ſon inquiétude augmente à chaque pas. Il appelle celle qu'il aime. Une voix lui répond dans l'éloignement. Ne doutant point que ce ne ſoit celle de ſa chère Mélide, il redouble ſes cris; la même voix ſe fait entendre. Daphnis vole vers le côté d'où il a entendu partir les ſons qui ont frappé ſon cœur.

SCENE III.

MELIDE accourt hors d'elle-même. Elle appelle à ſon tour. Des accens qui annoncent que ſes cris n'ont pas été vains, font renaître l'eſpoir dans ſon ame. Elle recommence ; & la voix qui lui a répondu ſe fait entendre d'une manière très-diſtincte.

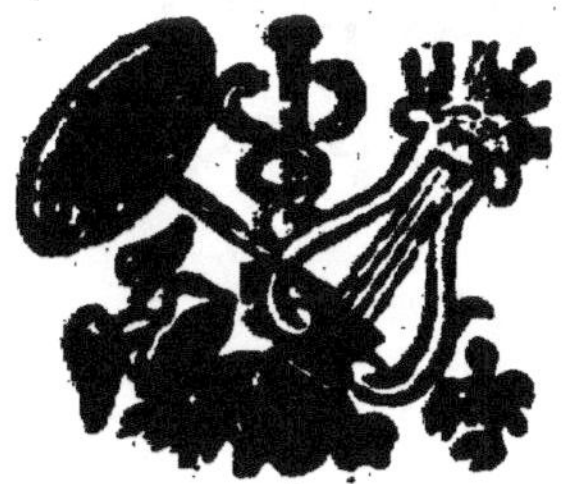

SCENE IV.

DAPHNIS paroît. Son Amante ſe précipite dans ſes bras ; mais la ſurpriſe & la joie lui raviſſent auſſi-tôt l'uſage de ſes ſens. Revenue à la vie, elle ne peut croire à ſon bonheur : bien sûre qu'il n'eſt point l'effet d'un ſonge, elle jouit, ainſi que Daphnis, du plaiſir délicieux d'une réunion ſi inattendue. Mélide brûlant du deſir de revoir ſa mère prend la réſolution de s'embarquer ; mais au moment où elle approche du rivage, l'Iſle diſparoît.

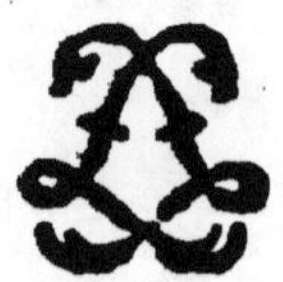

SCENE DERNIERE.

Le Théâtre représente un Temple de Vénus, dont les murs sont baignés par la mer.

L'Amour & toute sa Cour, accompagnés de Sémire & des Habitans du hameau, montent des Barques ornées de guirlandes de fleurs & de banderolles de différentes couleurs. Vénus descend dans un char brillant. Sémire embrasse ses enfans & les accable de caresses. Ils se prosternent tous aux pieds de la Déesse, qui nomme ce séjour enchanté l'*Isle de Cythère*. Les deux Amans sont choisis par cette Divinité pour desservir son Temple.

Des Faunes, des Bacchantes se mêlent aux Jeux, & une Fête générale termine le Ballet.

Fin du troisième & dernier Acte.

Lu & approuvé, ce 24 Juillet 1785,

BRET.

www.ingramcontent.com/pod-product-compliance
Lightning Source LLC
LaVergne TN
LVHW020633110826
845149LV00004B/1158

* 9 7 8 2 0 1 9 2 0 3 7 1 9 *